간월도

지혜사랑 321

간월도

이정옥 시집

지혜

시인의 말

'시'라는 집, 기둥 하나 세워본다.

오래 걸렸다.

볕 좋은 곳으로, 바람 잘 드는 곳으로

문을 내어야겠다.

2025년 가을
이정옥

차례

시인의 말 —————————————— 5

1부

어찌 흥정하랴 — 바람 햇살의 판화   12

작약이 만삭이다 ————————————— 13

바람이 인다 — 명상 ————————————— 14

간월도 ————————————————— 15

그리움 ————————————————— 16

숨겨진 페이지 ———————————————— 17

샤인머스캣 ————————————————— 18

바다 약국 ————————————————— 19

백지白紙 ————————————————— 20

너는 그냥 꽃인 거야 ———————————— 21

그 목소리 ————————————————— 22

청벚꽃 피거든 ———————————————— 24

영역 넓히기 ————————————————— 25

나는 하얀색 ————————————————— 26

아틀리에 창가 ———————————————— 27

점(·) 하나 왔다 ———————————————— 28

토론토로 띄우는 편지 ———————————— 29

2부

하얀 철쭉 앞에서 ——————— 34

당신입니다 ——————— 35

걸어 다니는 독서 — 여행 ——————— 36

텃밭 일기 ——————— 37

초록에 갇히다 ——————— 38

바다를 건져왔다 ——————— 39

건널목 묵시 ——————— 40

새로운 길이 생겼다 ——————— 42

구름이 울고 있다 ——————— 43

봄바람, 우편함에 넣어두고 간다 ——————— 44

여름 채집 ——————— 45

어름사니 ——————— 46

그곳 ——————— 47

보셔요 ——————— 48

따끈따끈한 비밀 ——————— 49

다원에서 ——————— 50

항아리 가득 하늘이 ——————— 51

3부

질투 —————————————— 54

볍씨 뿌리는 날 ——————————— 55

물꼬는 보고만 왔다 ——————— 56

가을 한 뼘 늘리고 ———————— 58

호기심의 눈빛들 ———————— 60

하물며 —————————————— 61

바쁜데 —————————————— 62

안부 ——————————————— 63

느티나무 탄생 —————————— 64

가을 들녘에서 —————————— 65

탁 ———————————————— 66

연모 ——————————————— 68

세계지도 ————————————— 69

패랭이꽃 ————————————— 70

자갈밭 —————————————— 71

호랭이보다 무서운 ——————— 72

노루귀 —————————————— 74

4부

시간이 박음질한다 ——————— 76

그날 ——————— 77

그해 봄 ——————— 78

선인장 ——————— 79

시의 집을 찾아서 ——————— 80

시월에 ——————— 82

노을이 활활 타고 있다 ——————— 83

양산꽃 ——————— 84

숲에 갇히다 ——————— 85

집으로 가는 길 ——————— 86

다행입니다 ——————— 87

좋은 생각 ——————— 88

동백이 ——————— 89

해인사 풍경 ——————— 90

갈치 ——————— 91

선유도에서 ——————— 92

난초 모 ——————— 93

이쁜꽃 ——————— 94

해설 · 자기 존재를 확인하는 발랄한 독백들 · 권혁재 95

명시감상 · 반경환 ——————— 113

1부

어찌 흥정하랴
— 바람 햇살의 판화

고등어를 싸고 있는 신문 모서리에서 여인의 뒷모습을 보
았다
엉덩이 펑퍼짐한 여인이 세월을 냅다 내려치고 있다

소금에 간들이고 뒤척였을 시간이
간간이 고등어 등줄기에 무늬로
파도를 업었는지도 모를 일
오월 어느 비요일 백합 한 다발이 오셨다
바다가 파도를 토해 찍어 놓은 판화

생생하게 피어나는 파노라마 어찌 흥정하겠는가

박수근의 빨래터는 값이 있다지만
나무 사이로 걸어 다니는 바람 손에 잡히지 않는 햇살
봄 여름 가을 겨울 내력을 지니고 있는 판화
어찌 값으로 흥정한단 말인가

작약이 만삭이다

산통인 듯싶은데 바람이 차다

겨우내 몸 살 앓은 마당 모퉁이
내 발자국이 꽃샘인 줄 아는지 가뭇가뭇하다
비가 오면 더 굳어진다는데
눈이 오면 더 여물어진다 하였는데
벗겨진 아랫도리 흙으로 덮어 주었다
뜨문뜨문 움직이는 내 발자국에 놀랐는지
작약이 몇 날 며칠 겨울에서 꼼지락거린다

꽃샘이 와도, 봄은 봄인가 보다

붉은 눈자위 흙을 밀어 올리고 있다

작약이 힘을 준다

붉은 손가락 발가락 꼬물꼬물 겹겹 쌍둥이다

바람이 인다
— 명상

절 꼭대기에서
섬을 본다
손으로 재면 한 뼘도 안 되는 그림

죽비 내리고
허상을 심는다
소소한 일상 바위에 걸어 두고
가장 오래 품을 내어준 나무 아래
불두화 앉혀 두고 나를 읽는 중이다

새소리 바람소리 풍경소리
지나가던 구름이 내려와 화두를 뿌린다
어디에도 없는 창이 모두 창이 되어
섬 섬 간간한 슬픔과 기쁨을 곱씹는다

죽비 내려진
골 깊은 소리

풍덩

바람이 인다

간월도

그는 물수제비를 잘 뜬다고 하였다

간월도에서 걸어 나오며
그에게 물수제비 한 그릇 먹고 싶다고 말할 걸
아직도 입덧처럼 허하다
목울대에서 머뭇거리던 말말말
한 삽 그 섬에 심어 놓는다

얼마만큼을 배워야 모국어를 반짝이게 빚을까

간월도에서 물수제비 한 그릇 탁발한다
바다에 뜬 간월도
한 대접 후루루 마신다

그리움

하늘의 별을 탁탁 털어 먹었다
빈 약봉지만 하늘에 놓고
창문을 닫았다

그래도 아프다

숨겨진 페이지

하지 못한
말 한 줄
가슴 깊은 곳
마음 시린 곳
어쩌면
영원히
묻힐 말

그냥 돌아서 간다
가슴 한 곁에
쌓여 있는 사리

ㅅㄹㅎㄷ

샤인머스캣

천만번도 그만하고 싶었다
열매를 맺는다는 것
사랑한다는 것
모두 뜨거운 일이다
햇살에 눈멀고
가슴이 퍼렇게 멍이 들었다

송월송월 매달린 이름이름
봉지 알알이 채우고
영글어가는 탱탱한 힘
열매를 맺는다는 것
사랑한다는 것
모두 견디는 일 아니던가
나
푸른 쪽으로 견뎌 볼 참이다

바다 약국

바다약국에 가면 그리움의 처방이 있을까

바다에 가면 짭짜름한 처방이 있을 거야

오징어 배 신진도에 도착하는 날은
갈매기 수다가 하늘에서 와글와글 거리고
비린내는 닻을 걸어 놓고 팔딱팔딱거렸지

파도 한 점 꺼내어 바다를 마시고
얼큰해진 초승달에게 배를 태워 주면
바다는 처방전을 내어 놓았지

파도는 뒤척이고
바다를 재워주던 바람은
찰싹찰싹 새벽을 낳아 놓았지

넋두리 처방은
바다 한 재 파도 한 줌이라지만
바다로도 잴 수 없는
마음 처방은 어디에 있을까

백지 白紙

그녀가 내게 와서 불쑥 귀엣말을 했다

땡 땡 땡 참말로 청명한 울림이다

그녀의 귓속말이 온몸을 굴러다닌다

그녀가 건네준 상자 배경이 든든하다

그 찬란한 상자 속에 넣을 보물을

그녀의 울림으로 나는 낳으리라

하얀 그녀의 가슴에 고백하나 놓는다

그녀가 건네준 상자에 나를 담는 거야

차마 열지 못한 마음 적어 두는 거야

너는 그냥 꽃인 거야

있는 그대로 봐
본연의 색으로
단단한 내공도 없이
꽃의 향기를 캔버스에 담는 것은
얼비치는 햇살을 바구니에 넣는 것
물감의 빛깔을 빚어 놓은 하늘에서
네 마음을 들여다보렴
혼합은 탁한 색으로
네 마음이 보이지 않아
마르지 않는 우물을 가지고 싶다면
산과 들에서 자라는 색으로
물의 줄기를 찾아야 해
동굴을 두려워하지 마
석순에 맺힌 물을
가볍게 여기지 마
안드로메다가 빛을 띄우고
우리의 하늘로 비행이 잦아도
재잘거리는 시간을 엮어서
마음 안에 물을 주렴
어둠을 비집고 나오는 햇살처럼
자신의 색으로 빛나는

너는 그냥 꽃인 거야

그 목소리

붉은 악마들이 쏟아 내렸던 그때
오후의 나른함을 깔고 깜박 졸다 전화벨 소리에 놀란 나는
얼떨결에 수화기를 들었지

목소리를 가다듬을 여유도 없이 여보세요? 하는데
정옥 씨? 종옥 씨?? 재차 묻는 거야

묻는 목소리는 청정지역의 폭포처럼 깊고
분명 우리 말인데 발음은 세련된 이국 언어처럼 들렸어

분명 나를 아는 사람이었어
내 이름을 묻는 목소리가 다정했어 아니 찬란했어

프린터에 그 목소리가 복사되었다면
그 찬란한 빛에 나는 아마 눈이 멀었을지도 몰라

정신을 가다듬고 수화기를 귀에 바짝 갖다 대는데
지지직거리더니 끊겼어

그 목소리 누굴까

문득문득 어느 봄날을 떠올리게 하는

나비 같은 그 목소리

다시 들을 수 있을까

청벚꽃 피거든

비 오면 오신다 하여
구름 한 덩이 하늘에 그려 놓았지요

문 열어 놓고
온종일 그대 발소리 귀 열고 서성입니다
진종일 쳐다봤더니 상왕산이 마당까지 내려왔습니다

산도 마음 읽는데...

저무는 저녁
비가 되지 못한 구름은 그냥 갑니다

개심사에 청벚꽃 피거든
기다리다 기다리다 뛰어간 푸른 심장인 줄 아셔요

영역 넓히기

"이씨종친회사무실" 나무 명패가 걸린 복도
모래 수북이 담배꽁초가 심어져 있다
복도 자욱한 연기 이 씨 종친들이 쌓아 놓은 흔적이다
이웃 사내들이 만들어 놓은 담배 구름 복도를 지나
다급하게 들어가 사무실 창을 열면
복도에서 걸어 다니던 담배 구름이
기웃거리고 문틈으로 자주 왕래하였다
눅눅한 날이면 냄새는 텃세를 주장하고
공간의 권리 행세로 어김없이 더부살이를 했다

비 오는 날이었다

백합 한 다발 그분이 오셨다

향기 둥둥 떠 걸음걸음도 두근거렸다

내 영역이 점점 넓어지고 있다

나는 하얀색

파랑에 섞였어요 내가 없어요
빨강에 섞였어요 내가 없어요
초록에 섞였어요 보라에 섞였어요 내가 없어요 내가 없어요

아버지는 겸손해야 한다고 말씀하셨지요
색색이 모여 사진을 찍으면 나는 언제나 보일 듯 말 듯
무지개가 빨주노초파남보를 그려 놓았어요
색색이 목소리를 내고 있어요 나는 언제나 보일 듯 말 듯

초록이 그랬어요 연두가 필요하다고 나를 빌려줬어요
빨강이 그랬어요 분홍이 필요하다고 벚꽃을 피워야 한다고
나를 다 내주었어요 내가 없어요

새벽 부스스 커튼으로 들어오는 환한 발음이 보였어요

잠을 부셔놓고 요강처럼 앉은 쪽진 찔래꽃이 그랬어요

활짝 웃어봐, 벙그러진 하얀이, 나는 하얀색이었어요

아틀리에 창가

대추나무 엉덩이 하나 사는 마당 귀퉁이에
겨우 비비고 디밀어 빨간 튤립 한 뿌리 심었다

바람과 햇살은 가난한 씨앗에게도
공평한 인심을 허락하였고
대추나무 가지 위로 종달새 봄 물어오면
나는 심란하여 분간 없이 물만 주었다
바람이 터무니없이 들락날락하는 날은
공연한 걱정 하나 책갈피에 끼고 있었다
혹여 대추나무가 텃세를 할까
긴 그림자가 눈앞에 아른거렸다

별이 창에 모여드는 밤
대추나무에게 당부하였다
나, 봄 같은 사람 있어 꽃을 심었노라

점(·) 하나 왔다

점(·) 하나 왔다
신기한 화색이다
공연히 웃음이 귀에 걸린다
저수지 언덕길 오르며
자동차도 땀 흘리는데
피식 미소가 새어 나왔다
자꾸 웃음이 튀어나왔다
감추려 애써도 피식피식
단단한 감정의 껍질을 가지고 있다고
내심 자부하던 지갑 안에 감춘 감정이
하르르하르르 사월 벚꽃처럼
입 벙글어진다
토론토에서 점(·) 하나 왔다
깡충 왔다

토론토로 띄우는 편지

1
오징어잡이 배를 타는 이란 청년은 종이 편지 대신
손끝으로 안부를 묻고 지문으로 인사를 한다지
만선으로 깃발을 펄럭여도
바닷가 우체통은 비린내만 배달해 주웠다지

붉은 몸통으로 입을 벌리고 있는 우리 집 우체통은
다이어트를 하는지 늘 허기져 있으며
빈 바람만 먹었다 뱉어 내기 일쑤였었지
나는 우체통이 생물이기를 기도해 본 적 있지
그리하여 싱싱하고 팔딱팔딱 뛰는 마음 하나쯤
배달되기를 기대하였지

2
스물두 살 청년으로만 기억에 남아있는 한 사람
청바지에 와인색 점퍼를 입은 빛바랜 사진
조그마한 여자의 아름다운 사람이고 싶다던 한 줄
토론토에서 나이아가라 폭포를 보러 간다는 너의 필체는
내가 사치라는 그리움을 내 안에 살게 하였지
마음을 동여 버스에 기차에 그리움을 태워 보내기도 하
였지
그 하얀 겨울의 찻집에서 너의 목소리 너의 얼굴

세월은 갔어도 너는 마냥 하냥 그냥 스물두 살
만리포 백사장은 여전히 파도를 데리고 놀고 있지
하고 싶은 말이 아직 남은 이유겠지
그리고 마방에서 가슴에만 쌓아 둔 말 말 말

쇼핑센터에서 건네주던 꽃반지 눈을 감으면 향기가 보여
그때부터 내겐 돌아다니는 우체통이 있었지

3
피서에서 돌아온 바람이 창에 앉거나
은행잎이 가을을 토하거나
소나무가 눈꽃을 피우거나
수선화가 봄을 마중 나오거나
파란 하늘에 구름이 뭉글뭉글 시를 쓰거나
그럴 때마다 나의 우체통은 스물두 살 청년에게 편지를
보냈지

4
민들레가 피고 또 피고 피는 이유를 나는 알고 알지
산 까치가 마을로 내려오는 이유를 나는 알고 있지
뻐꾸기 울음 마을로 내려보내는 이유 나는 알고 있지
아카시아가 향기를 날려 보내는 이유를 나는 알고 알지

>
5
내겐 꽃이 너로 인하여 피었고
인터넷에서 너의 이름자를 건져 올리던 날
나는 공연히 웃음을 흘리고 다녔지
조그마한 여자가 우체통을 서성이는 이유
개망초꽃도 알고 저리 흔들리는 거겠지

2부

하얀 철쭉 앞에서

여름 초입
그분의 말씀 햇살 보듬고 있다

귀한 오늘 피었다

가슴 뜨건 사람이거라

꽃 수술로
향 피워 놓고 어머니 기도 핀다

당신입니다

실 한 줄 길게 큰 밭으로 연결해 놓았습니다
하늘에서 바람으로 바람에서 꽃잎으로
몸을 녹여 만든 명주실 하나 띄웁니다

대청댐 일출이 구름을 차고 오르지 못하여
신비롭게도 하늘에서 태동을 한다고 하셨지요
검푸른 하늘이 껍질을 벗고 빨간 알맹이 하나
쏙 낳아 놓았습니다

산기슭 넘어오는 옷자락 흰 구름인 듯
풍경 마구 흔들며 새벽을 깨우는 바람인 듯
새벽을 지고 오신 당신

새해 마중 나온 따스한 온기 마음 열어
대웅전 앞마당 모닥불이 보시를 합니다
우물은 구름을 슬그머니 밀어내고
새해 담아 놓았습니다

나의 해는 당신입니다

걸어 다니는 독서
— 여행

걸어 다니며 시를 읽어 볼 참이다

핵심만 밑줄로 긋고 움직인다

걸어 다니며 활자를 먹기로 한다

페이지 중간 어디쯤에서 장르를 바꿔 읽어 볼 참이다

버스로 비행기로 택시로

발길 머무는 곳 눈길 닿는 곳

손에 잡히는 하루하루 문장으로 읽어 본다

한 발 한 발 발이 독서를 한다

내가 미끼 되어 시를 낚아 볼 참이다

텃밭 일기

한 페이지
한 페이지
황토색 이랑이 펼쳐져 있다

햇살 한 줄
콩 콩 콩 물음표를 찍었다

바람 한 줄
콩 콩 콩 느낌표를 찍었다

구름 안부를 물어
콩 콩 콩 마침표를 찍었다

산에서 내려온
뻐꾸기 비둘기 콩새 말씀도 모두 적었다

초록에 갇히다

초록길 굽이굽이
밤꽃에 지친 하늘 모시고 쌍지암 간다
초록이 뙤약볕 짚고 서서 길을 가로지르면
신앙처럼 숨겨둔 호롱불 같은 그 사람에게 길을 묻는다

이정표마다 온통 산이다 서산 덕산 예산
마음에 고인 초록 덜어 내려고
굽이굽이 내려간 길
단단하게 생기 돋은 초록이
온몸 챙챙 감고 조인다
그리움이 산이다

바다를 건져왔다

바다의 사연 고스란히 담고 있는
돌멩이들이 샛별해수욕장에서
발가벗은 채 우르르 몰려나와
가로등 아래에서 물기를 말리고 있다

바다의 사연 고스란히 담고 있는
귀 커다란 소라껍데기 하나 주워와
창가에 앉아 파도소리 듣는다

건널목 묵시

신호등 앞에 선 바람이 옷깃으로 파고든다
나를 내려놓은 자동차는 발자국도 없이 시나브로 간다
타이어 발자국 대신 주섬주섬 그림자를 데리고 걸었다
횡단보도에서 주머니 속 사탕 한 알 바스락바스락 따라
온다

생각도 많아지면 과식이 되는가
탄산수 같은 바람이 쏴아아 이마를 짚어준다

노을이 저녁을 굽고 허기 한 짐 불러들인다
또 하나의 횡단보도가 붉은 신호등으로 눈을 동그랗게
뜨고 있다

기다려야 마침내 쓰임이 되는 것
더 단단해지기 위해 기다리라 한다

건널목 묵시 한 줄
어디서부터 따라온 노래인가

– 사랑한단 말 한마디 못 하지만 그대를 사랑하오*

– 난 알고 있는데 우리는 사랑하고 있다는 것을**

* 유심초 노래 「사랑하는 그대에게」 중에서
** 해바라기 노래 「내마음의 보석상자」 중에서

새로운 길이 생겼다

언제부터인가 마을 안쪽으로
숲과 바람이 들락이는 창문이 생겼다

마을 사람들은 봄이 지나가는 소리라 하였다

아랑곳하지 않고 소나무가 팔려 나가고
웅성이던 입구에 가드레일이 줄지어 손 흔들었다
'철거'라고 쓰인 붉은 글씨의 벽으로 들어가 보았다
'똥 싸지 마라' 벽에 똥칠처럼 글씨가 붙어있다
주인을 잃은 대들보 단청에 단정한 축원문
흙의 한 모둠에 폭 엎어진 호박모는
소복하게 세상을 풀어놓았다
공터에서 배급된 흙으로 살아보겠다고
푸성귀가 인심을 허락하고
풀씨는 담장을 넘어 철통같이 제 몸 부풀리고 있다

포클레인이 마을 주인처럼 움직이고
얼마나 지났을까
갇혔던 가드레일이 허물어졌다

봉긋한 가시나이들 징검돌에서 노랗게 깔깔거리고 있다

구름이 울고 있다

마음이 바스락거렸다

물기가 마르고
가을이다
외곽의 가로수
메타세쿼이아는 이주민처럼 검은 얼굴을 하고
승용차는 각자의 이름으로 질주를 하고
나는 도로에서 합승하는 일행이 된다
신호등의 눈짓을 읽고
승용차들은 망설임 없이 직진 우회전 좌회전 거침이 없다
우회전
눈치를 획득하는 일
눈이 맑아진다

콩나물 공장이 보인다
수 없이 살아나는 악보들
화살표 아틀리에 이정표이다
구름 아틀리에
구름이 보내는 문자를 읽다가 '보고 싶다' 쓰고
그냥 구름을 깨물어 버렸다

구름이 울고 있다

봄바람, 우편함에 넣어두고 간다

어젯밤을 끌어안고 잠이 들었는데
벌건 아침이 옆에서 자고 있는 거야
한 뼘 열린 창틈으로 내다보니
타이어들이 분주하게 밀고 쓸고 미끄럼 타고
사내들은 하루를 메고 줄줄이 출항을 하더군

의자가 있어 말을 걸었지
집 앞 의자는
혼자 아니면 바람하고 놀 때가 많아
가끔은 내가 놀아줘서 커피 냄새도 나지

봄날
붉은 오토바이는
우편함에 봄바람만 수북이 넣어두고 가는 거야
순간
나
새싹이든 나무든
전류가 흘러

여름 채집

햇살 움켜쥔 나팔꽃
난간을 구겨서 담장을 넘어 사과나무 오르고 있다
햇살을 오므렸다 폈다 사과나무 탐색 중이다
바람에 수없이 빗금 친 행로
상상력 돌돌 말아 창의력 기웃거린다
미소를 여유롭게 피워낸 나팔꽃
곡선으로 담아 올려 피워낸 생의 언저리
손바닥 펴고 가늠해 본다
둥글게 말아 오르는 감정선
길게 뻗은 애정선
생의 한가운데 아침이 매달려 있다
사색한 줄 상상력 두 줄 뽑아서
문장 한 줄 채집해 본다

어름사니

팽팽한 줄타기를 위하여
엉덩이를 살랑살랑 흔들며
사뿐사뿐 부채로 허공을 읽는다
손을 놓고
눈을 감고
부채를 잡고 다급하게 불안을 훑어야 한다
철퍼덕 떨어지는 긴장을 훈장으로 새겼다
시선에 줄을 띄우고 하늘을 질겅질겅 밟는다

흔들리는 시선 감았다 폈다
파르르 떠는 오금 순식간이다
입술은 가뭄에 논바닥이다
바람도 걸리지 않는 줄에
팽팽한 탄력의 시선이 걸린다
외줄에서 하늘을 잡고 있으면
줄 잘 선 사 람 이 다

그곳

옥상에서
구름은 나를 종종 불러내곤 하였다

먹구름을 몰고 와서 우산을 씌워 달라 하기도 하였다

유난히 파란 빨랫줄이 걸려 있는 날
하늘을 잡아다 빨래집게로 널었다
블라우스를 널어두면 가슴팍에 푸른 물이 들었다
그런 날은 옥상을 도맡아서 자리를 깔고 하늘과 눈부신
교신을 하였다

계절이 올 때마다 옥상은 새로운 바람을 불렀다

나도 더러는 분에 넘치는 손님을 초대하였다

백석을 초대하여 술잔에 별을 채웠다

오늘 밤도 옥상에 보석이 총총하다

보셔요

서해안 고속도로 서산 나들목을 빠져나와 오셔요
거기 어머니 닮은 미소가 있어요
서산 운산면사무소 지나면
고풍저수지가 마중 나와 있을 겝니다
용현계곡 초 머리에 다다르면
우뚝 서 있는 미륵이 먼저 반겨 줄 겝니다
보약보다 낫다는 가을바람 옆구리 끼고 돌계단 올라 보
셔요
어머니처럼 얼굴 가득 온화하고 너그럽게 맞이해 주는
미소
마음 곳간에 알토란 가득 담아 보셔요

"보셔요"

나뭇잎도 설레어 얼굴 붉어지고 있어요
전갈 주시면 고삐은 참나무에 매어 두고
코스모스처럼 옷 갈아입고 마중 나갈게요

따끈따끈한 비밀

발표날까지는 아무에게도 말하지 말라는 따끈따끈한 비밀

실실 미소를 머리에 이고
자고, 밥 먹고, 일급비밀이라는데

대나무 숲이라도 찾아가서 비밀을 풀어놓고 싶다

다이소에서
털실을 사 왔다 털실로 입 모양을 짰다

엉성한 수세미가 입을 벌리고
얼기설기 코바늘 뚫고 입모양으로 새소리 들어왔다
새도 좋은 일이 있는가 보다

윤택한 경쾌한 소리소리
둥지 속 보금자리 알처럼

웅크리고 있을 태아 안정기까지는 비밀이라지

다원에서

다원에 도착하니
따라오던 구름이
소나기 되어 내려옵니다

선비가
앉았던 자리를 물으니
앉은자리가
참선의 자리라 합니다

수반 위에 꽃송이 둥둥 활짝 피었습니다

풍경이 여름 오후를 보태 마구 흔들고 있습니다

산비알 넘어오는 승용차 비둘기색 검은색 하얀색
모두 그 사람이었다, 아닙니다

창문을 내다보니
목이 긴 소나무가
여태껏 나를 빤히 쳐다보고 있었습니다

항아리 가득 하늘이

감나무 사이사이 하늘이 달려있다
우물처럼 마알간 하늘이 열려있다
감나무 아래 항아리 하나 놓았다

파아란 하늘
　　　　감나무 타고
　　　　　　　내여 오라고

3부

질투

눈이 와서 꽃집이 휴무라는데

누가 꽃을 온 마을에 뿌렸을까요

목련가지에 하얗게 그대가 좋아하는 꽃입니다

누군가 나보다 그대를 좋아한다면 질투가 납니다

마당도 그대 오시는 길도 모두 깨끗이 쓸어 버릴 겁니다

볍씨 뿌리는 날

1

발목 아래 볍씨는 첨벙첨벙 진흙 주워 삼키고
논두렁에 떨어진 볍씨 서너 개는 갈 곳을 잃어
두려움에 움츠려 떨고 있다
배고픈 새 맨발로 다가오는 건 아닐까
새참 마중 나온 도랑물 옆에 앉으면
아버지는 으레 고수레 의식을 목청으로 다듬었다
막걸리 한 보시기 고수레로 뿌리면
때마침 날아가던 종달이도 나도 깔깔깔거렸다

2

아버지의 간곡한 마지막 한마디, 농사터 꼭 짓거라!

3

볍씨 뿌리는 날
아버지를 한 번도 본 적 없는 아이가 깔깔깔거린다
싸리순 꺾어 손톱에 호기심 찍는 내 안의 소녀와 계집아
이가
풀꽃 두어 줄기 꺾어다 놓고 들밥을 먹는다

물꼬는 보고만 왔다

일 년에 한 번 찾아올까 말까 하는 애인처럼
갓 구워낸 따끈따끈한 빵처럼

봄이
눈길 닿는 곳곳에 겹겹이 움트는 어린 봄이
좁은 오솔길 나무꼭대기에 그리움 걸어 놓아
어질어질할 때

봄이
나무들의 성화로 피고 터지고
그 성화에 기대어 내 눈물이 터져
봄 눈물 훔치고 있을 때
무논에 물꼬 좀 봐달라고 동생에게서 전화가 왔다

물꼬?

무논 물꼬를 터야 하는데 갑자기 장거리 일 보러 나왔다
고 논 끄트머리 쪽으로 가면 흙 담아 놓은 비료 포대 두 개
로 물꼬를 막아 놓았으니 치워 달란다

나는 농막으로 가서 연장 챙겨 논으로 갔다
개울에서 콸콸콸 빠져나가는 물을 쳐다만 보고

나는 개울에 빠진 햇살만 데리고 첨벙거렸다

봄의 치맛폭 같은 하늘 깔아 놓고
철퍼덕 두 팔 벌려
햇살이랑 바람에게 나를 다 내주고

물꼬는
보고만 왔다

가을 한 뼘 늘리고

동부 꼬투리 앞에서 엄니는 가을 한 뼘 늘리고
나는 언덕배기에서 햇살 끄트머리 잡고 서 있다

부석사에서 내려온 저녁 공양 소리에
염생이는 집에 가자 목이 닳게 보채고

나는 햇살 한 줌 슬그머니 소쿠리에 보태 놓고
옷자락 잡아당기는 바람도 욱여넣었다

가득 찬 소쿠리 들고 엄니 서두르신다

엄니 하루
염생이 등에 싣고 겅충겅충
초승달도 서둘러 따라왔다

초승달은 외양간을 넘겨다 보고
눈 커다란 황소는
저녁을 재촉하며 움머움머 엄니를 부른다

소여물 들고 엄니 한 말씀 버무리신다
— 천천히 묵어라

>
까망이도 배고픈지 깽깽 거리는 늦은 저녁
어머니는 또 천천히 묵어라 하신다

호기심의 눈빛들

시루 안에 노란 콩이 수북하다

뽀얀 살갗 반지르르하다
호기심 눈빛들
색종이보다 선명한 빛깔로 꼼지락꼼지락인다

통통통 티는 몸짓 까르르 구르는 웃음

칭찬 한 바가지에 쑥쑥 자라는 이분음표

한 옥타부씩 올라가는 시루 안의 이분음표

하물며

제비꽃 할미꽃 애기똥풀도 꽃을 피우는데
민들레 발아래 차이면서도 꽃을 피우는데
배추도 꽃을 피워 씨도리를 만드는데

주인 발소리 알아듣는 우리 집 강아지
이 봄날에
어찌 환장하지 않겠는가
어제는 동물 병원에 다녀왔다고 한다
잠깐
한눈팔면 저도 꽃을 피우고 싶은가 보다

하물며
들풀도 꽃을 피우는데
시詩집 살이 삼 년인데
낮잠을 자다가 스치는 소리에
번득 눈을 떠 이부자리 박박 긁는다
사리를 내놓을 모양이다

바쁜데

꽃 보러 가자고 전화가 왔다

수화기 너머로 들리는 음성에
옆에 계시던 어머니
꽃 보러 가는 건
시간 죽이러 가는 것이여

나는 시간 죽여도 엄니 몰래 꽃 보러 간다

안부

꽃길 따라 걷다 보니
얼마큼 갔을까
나비에게 안부를 묻습니다
큰 밭에
주소가
어디쯤일까요
이리저리 둘러보며
주소 좀 주셔요

향기로운 날
꽃 편지 우체통에 넣고 싶어요

느티나무 탄생

울음 터트리는 느티나무
지문을 인지하며 세상을 향해 초인종 누른다

꼬물꼬물 즐거운 비명
바람과 소통하며 조심스레 마음 여는 연둣빛 속살

그 먼 곳의 모정
탯줄 땅에 묻고 봄 오면 물오르는 느티나무
허공에서 푸른 입술로 옹알이하는 느티나무

작고 작은 어린잎 하나 내려보내기 위하여
간밤에 산이 저리 질펀하게 울었고
바람이 문지방을 수도 없이 들락이었구나

연둣빛 꼬물꼬물 느티나무 탄성이다

가을 들녘에서

가을이 들녘에 뚝뚝 떨어져
상수리는 또롱또롱 축시를 읽고
탱자는 영글어 들판을 데굴데굴 돌아다니고
언덕에서 연신 손 흔드는 살찐 수수꽃다리

텅 빈 마음

가을 햇살에 내다 말리면

우둘투둘한 모과 향이라도 피어나려나

탁

말에도 시효가 있어
멀리 가지 못한 말 멀어질수록 선명해지는 말
어쩌면 내게 간절했던 말을 꺼내 놓으려

가슴 저 아래에 깔린 말들을 방생하려
음암행 직행버스를 타고 산사로 향했다

가는 중에도
옹알옹알 거리는 말과
차창으로 떨어지는 물방울 같은 말을 쓰다듬으며

어느 겨울 너에게 도착하지 못한 말들을
이제는 놓아주어야 될 것 같아

도착한 산사

슬그머니 그 이름 불러본다 숲이 우거진 이름
숲에서 오도 가도 못한 말 이제는 내려놓으련다

토방에 벗어 놓은 스님의 가지런한 고무신처럼

가지런 해지자 가지런 해지자 다독인다

>
내려오는 길이 한결 가벼워졌다

연모

가을이 뾰족하다
자꾸 파고든다
몽글몽글 흰 구름도 벽이 될 수 없다

가마솥 밀죽처럼 부글부글 끓어오른다
장작불보다 뜨거운 불꽃이 살아서 꿈틀거린다

꽃잎 하나하나 받침으로
그대를 환히 비출 수 있다면

한철 피는 해바라기여도 나, 좋겠다

세계지도

펄럭이는 바람 잡아 바지랑대에 걸쳐 놓고
이불지도를 널었다

흥건히 젖어 있는
덴마크의 여러 섬
아득히 그리운 나라
밴쿠버 록키산맥 속의 이름 없는 호수

쎄느강변
파리 에펠탑 배경으로 술잔에
별을 채우고 있다던
영혼 맑은 화가의 젖은 목소리

하늘에 펼쳐진 세계지도를 보니

그리운 얼굴이 하늘에 떠 있다

패랭이꽃

그의 어머니는

앞집에서 패랭이꽃 얻어다 울타리에 심어 놓고
오이 넝쿨 올리고 보리콩을 따고
밭고랑에 앉아 풀을 뽑기도 하였다

아들은 그런 모습을 보며
키우는 고양이에게도 하지 않는 면박을 하더니
어머니의 대변 주머니를 교체하며 쓴 눈물 몰래 삼키곤
하였다

그렇게 그의 어머니가 심어 놓은 붉은 패랭이꽃이 만발
하던 봄

패랭이꽃 울타리에서 눈물 심어 놓고 아들은 비둘기처럼
울었다

그 후, 해마다

어머니가 심어 놓은 패랭이꽃이 환하게 아들 울타리에서
웃고 있다

자갈밭

흙 속에 묻힌 자갈 골라낸다
일구고 갈아도 수없이 나오는 자갈이다

시금치 씨앗을 깔고 누워서 자는 놈이 없나
쪽파 종자를 베고 노는 돌멩이가 없나
상추 씨앗을 짓누르는 자갈이 없나
배추 뿌리에 붙어사는 녀석이 없나

돌멩이가 흙을 조아리고 있다
푯말에 이름을 달아 주었다
참외 넝쿨이 호박 넝쿨이 무성하다
자갈 비집고 움트는 생명들
민들레 개양귀비도 세 들어 산다

호랭이보다 무서운

들깨밭 김 선생님도 앉아 주시고
다랑논 이 선생님도 앉아 주시고
명자꽃 자경하시는 주 선생님도 자리를 잡아 주세요

자, 이제부터 경매를 시작합니다
모두 검은 안경을 써 주세요

저 하늘의 구름
필요한 만큼만 낙찰받으시길 바랍니다

구름이 넘치면 물바다가 될 수 있으니
신중을 기해 주시고 기회는 단 한번입니다

2025 타경 0720
그렇게 받아놓은 구름 아래서 어머니는 들깨 모종을 하
였다

들깨 모종은 터를 잡았고
잡초도 함께 어우러져 터를 잡았다

어릴 적 어머니에게 들은 청개구리 얘기를 떠올리며
후회는 말아야지 후회는 말아야지

흙의 말을 귀담아들으며 잡초를 뽑아낸다

— 엄마, 어떤 시인은 잡초가 호랑이랴! 하였더니
어머니는 대뜸
— 호랭이보다 무서운게 잡초여! 잡초! 하신다

평생 어머니의 관절을 호랭이보다 더 무서운 게 들쑤셔
놨으니
　내일은 완전무장을 하고 나 혼자 잡초 사냥에 나설까 한다

　흰 구름 하늘에 띄워 놓고

노루귀

잔 솜털 하나 세우는 게
사는 이유였지요
언 땅 움켜쥐고
꼬물거리는 솜털
때론 버거운
무게
고향이 북부 유럽이라는 말
아시아 북미라는 말
뼈저리게 들었지만
뿌리내리는 곳이
터전 아닌지요

귀가 저리 닮은 것이

4부

시간이 박음질한다

어둠이 공간을 메워 놓은 시간
고요를 촘촘히 박음질하며
재깍재깍 노루발소리 걸어간다

뚜두둑 뚜두둑 집안의 집기들이 아귀를 맞추는지
정수기는 갈증을 느끼는지 생쥐 이빨 가는 소리를 낸다

동짓밤 천리향이 우주와 내통을 하는지 향기를 뿜어내
고 있다
꽃잎은 제 몸의 살갗을 비벼 향기를 뽑아 놓는다

긴긴밤 발 시린 별이 있어 시간이 박음질하고 있나 보다

그날

음력 삼월 스무하루
아버지가 심어 놓은 애기사과 꽃이 손을 흔든다

라일락은 뒤뜰까지 향을 피워 놓았다

아버지 발자국 수천 번을 지우고 새기고
일구어 놓은 자갈밭이랑 손금처럼 정갈하다

풀잎마다 맺힌 이슬방울들
밭두둑 초록마다 맺힌 눈물

영정사진 앞에서 치받쳐 오는 서러움
촛불은 오열하고 술잔은 넘쳐흐르고
입술은 파르르 떨고 있을 때
토닥여 주던 한마디

아버지는 잠시 여행을 가신 게야

그해 봄

터덜터덜 따라온 꽃잎이
대 숲으로 들어가 텅텅텅 울었고

개울마다 계곡마다 잉잉잉 눈물을 흘렸다

하늘도 개울로 내려와 줄줄줄 눈물 흘렸고

몇 날 며칠 처마도 울었다

겹겹으로 얼룩진 눈물로 피어난
모란이 빈 집을 보고 있다

모란 한 송이 들고 찾아간 꽃지

눈물이 바다로 빠져 소금 맛인 게다

선인장

심장의 골짜기에 씨앗이 싹 틔우고 뿌리내렸다

온몸 피 돋는 그리움

솜털마다 박힌 가시

가시가 그대라면 가시를 안고 살아야겠다

시의 집을 찾아서

뿌리 깊은 시 한 줄 찾기 위해
폐교 운동장으로 들어갔다

햇살이 머무는 폐교 울타리에
분꽃이 나팔을 불고 있다

풀꽃도 시를 쓰고
허리 굽은 소나무도 시를 쓰고 있다
나무에 올라 매미도 시를 쓰고 있다
삐거덕 거리는 계단에서 바람도 시를 쓰고 있다
포플러 나무 잎새는 벌레가 갉아먹어도 시를 쓴다

하늘이 유리창으로 들어와 흰구름 받아 적는다

숲에서 나무 계단만 바라보는
도토리나무도 죽을 때까지 시를 쓴다

폐교 울타리를 쳐다보는 깻잎도
오죽하면
삼복에 푸른 시를 쓸까

나,

시의 집에 들어
은유 추를 달아
우물 같은 시 한 줄 길어 올려 봤으면

시월에

저기 금싸라기 쏟아져 있는
다랑이 좀 보소
후다닥 훑어
시방 도정하러 가오

논바닥 발자국마다
세 들어 사는 우렁이도
각시 되어 밥상에 앉았는데

전깃줄에 걸터앉은 목화솜아
니나 내나
은빛 억새 손 흔드는 시월에
바람 초대하여
은빛 차르르
머리 올리면 어떠하리오

그러면 나
그대가 꾸려 놓은 금빛 마을에서
하객으로 햇살 바람 초대하여
얼비치는 날 간직하리오

노을이 활활 타고 있다

낚싯대 추 하나 망망대해에 띄우고
수심을 가늠할 수는 없는
인터넷 바다에 앉아있다

모니터 수면으로 싱싱한 언어들이 올라온다
남태평양이든 북아메리카든 접선이 가능하다
팔딱팔딱 뛰어오르는 언어 언어들

창밖을 보세요
노을이 하늘에서 헤엄치고 있어요

항해를 하며 만선의 기쁨을 노래하는 이가
다닥다닥 매달린 감성을 톡톡 올리고 있다

나는 미끼를 물었다 놓았다 하며
올라오는 언어들을 끌어올렸다

하늘에
노을이 활활 타고 있다

양산꽃

그대 아니었음

여름 어찌 견뎠을까요
햇살은 보이는 틈틈 곳곳 비집고
이룽이룽 불볕 독침 들고 달려들었어요
칸나의 머리 맨드라미 머리 달리아 머리
불붙어 놓고 이글거리기도 하였지요

허공에 양산꽃 활짝 피워 여름을 살았지요
감히 어찌 은혜를 감사로 이름 지을 수 있을까요
길을 걷다 문득 어디서든 만나는 꽃을 보시거든
그대에게 향한 이 마음인 줄 아셔요

그대 아니었더라면
칸나처럼 맨드라미처럼 머리에 불붙었을 겁니다

숲에 갇히다

바스락바스락 올려다보니 청설모 한 마리
소나무 꼭대기에서 도토리껍질 던지고
후다닥 앞질러 간다

눈을 찔끔 감고 돌아서니
소나무 꼭대기에서
손이 발이 되도록 비는 청설모 녀석

놀란 도토리는 데굴데굴 구르고
가랑잎은 파르르 미끄러진다
상강에 서리 삐죽삐죽 내 머리에 내려앉는다

집으로 가는 길

촛불 하나 밝히면 세상이 환하게 빛이 날까

불빛이 모여든 거리로 나가 보았다

지폐 한 장 만지작거리며 포장마차에 앉았다

김을 모락모락 삼키는 알전구 앞에서 소주잔에 별을 채
웠다
차마 꺼내 놓지 못한 세월의 무게 배부르게 삼키고
투덜투덜 대던 해삼이 까칠한 피부로 도마에 올랐다
자존심 불룩 채우는 모래주머니
그것을 빼어 내고 양심만 먹겠다 다짐을 하였다

집으로 가는 길
편의점 들러
맥주 한 병 소주 한 병 아이스크림 네 개
털레털레 들고 와
검은 비닐봉지 열어보니 오렌지 네 개
물음표가 들어 있다
한참을 들여다보았다
편의점 인심이 새콤달콤, 거기 있다

다행입니다

만약 돈 주고 하늘을 산다면

그런 일 없을 테니

다행입니다

우물로 하늘이 내려와 있던 날

종그락으로 건네주시던 하늘

그 후로부터 하늘이 온몸으로 들어와 삽니다

좋은 생각

이름 하나 탁본하였습니다

꺼내보고 열어보고
매일 들여다보며
쓸고 닦아 줍니다
내일은
천리향 가지 끝에 이름 새겨
삽목해 볼까 합니다
싹을 틔워 마당
꽃밭에도
심어볼까 합니다
이름만으로도
기쁨이 되는 사람
떠올리면 마냥 즐거운 이름

천리향 가지에 움이 돋아 뿌리내렸습니다

동백이

동백꽃이 초경을 한다

동그랗게 가둬버린 무거운 침묵

다닥다닥 매달린 사연

까치발 하는 삼월

탱탱 부풀어 오르는 볼그레

나무에 매달려

발그스름 봉오리 터졌다

해인사 풍경

우산을 쓰고 걸었다

하얀 꽃비가
향기를 달고 내린다
둥근 벚나무
어깨 안으로 들어섰다
꽃 웃음 통통통
해인사 추녀에서
수평을 가다듬는
새 한 마리
성불하고 있다

꽃비를 맞으면서

갈치

검은 바다를 헤치는 집어등
열사흘 달빛 품은 광채
급속의 가속으로 끌어올리는 주낙

공중에서 펄떡이는 은빛 동체
그 슬프고도 장엄한 번득이는 몸부림
은빛 팽팽한 바이브레이션

나도 한 번쯤
번득이는 저런 퍼덕임이고 싶다
눈부신 광채 온몸에 번득이고 싶다

선유도에서

대영수산에서 멸치 시식을 하였다
말린 멸치를 찰지게 씹어 삼키고
간식으로 바다를 야금야금 먹었다
더부룩해진 바다가 출렁출렁 인다

입에서 쫀득쫀득 바다향이 일렁인다
바다 가운데에서 집라인 타고 갈매기가 된다
하늘과 바다의 중간에 잠시 끼워져
끼룩끼룩 입안에서 바다를 토한다

파아란 하늘 한 점
싱싱한 바다 한 점

바다 한 바가지 하늘에 뿌렸다

하늘이 바다를 후룩후룩 마시고 있다

난초 모

빚 떼이고 양란 모종 한줄기 받아왔다

분갈이를 하여 줬더니
자리를 못 잡는지 노랗게 줄기만 남아있다
뼈대만 남은 난초는 해마다 꽃대는 시름시름 올렸다
아이가 중학생에서 고등학생이 되고 대학생이 되는 동안
난초는 의연하게 터를 잡아
질항아리 속에서 자작자작 촉을 올리고
줄기줄기 군더더기 없는 난을 치고 있다
아들과 난초는 무럭무럭 자랐다
아들은 박박 머리를 밀고 의경으로 입대하였다
아들이 입대할 때 나비처럼 입을 삐죽이더니
자대 배치되었다던 편지를 받고
자리를 옮겼다는 편지를 받을 때까지
서너 달 넘게 겨울부터 봄까지 꽃대가 향기를 뿜어냈다

긴긴날들 아무 말 없어 제 값을 톡톡히 하고 있다

이쁜꽃

욕심쟁이
저 혼자 보려고
이쁜 꽃
꼭꼭 숨겨 놓았다
눈이 맑고
말씨가 곱고
매무새가
단정하여
안면이
다복다복한 것이
내 새끼 같다

어서
한솥밥 먹자

자기 존재를 확인하는 발랄한 독백들

권혁재 시인

자기 존재를 확인하는 발랄한 독백들

권혁재 시인

1.

　이번에 상재한 이정옥의 첫 시집 『간월도』는 치열하게 자신의 시세계를 구축해가며 관찰의 세밀함, 표현의 세련함과 더불어 발랄한 시상의 전개로 생동감 있는 시적 영역을 넓혀내고 있음을 알 수 있다. 일상의 평범한 풍경 속에서 삶의 깊이와 대상에 대한 관찰의 세밀함으로 드러나는 타자에게로 향한 이타의 정서에서 그 자신의 성찰과 정직한 언어로 이정옥만의 시적 세계를 튼실하게 구축하여 왔다. 그의 시세계는 가벼우면서도 가볍지 않고, 무거우면서도 무겁지 않고, 슬프면서도 슬프지 않고, 고독하면서도 고독하지 않는 그 자신의 시적 가치를 형성하는 특징을 지닌다.

시를 대하는 그의 자세는 일상에서 마주치는 것들로부터 한 자리에 안주하지 않고, 대상에 대한 세밀한 관찰을 통해 자기 존재에 대한 자문에 자답을 하며 시의 미학적 의미를 추구하는 열정도 놓지 않는 모습을 보여준다. 대상에서 사유를 분리해내고 구체적인 시선으로 대상을 다시 시로 결합해냄으로써 버려지는 사유와 은유를 경계하며, 이정옥의 시는 삶을 향해 문을 열어 두고 항상 그쪽으로 향한다. 그래서 그의 작품 속에는 대상과의 관계에서 비롯되는 내면의 고독과 외면의 사랑이 상충하는 다층적인 모습을 내포하면서 관계를 차분히 해소하는 치유와 존재의 방식이 언제나 결합되어 있다.

바다약국에 가면 그리움의 처방이 있을까

바다에 가면 짭짜름한 처방이 있을 거야

오징어 배 신진도에 도착하는 날은
갈매기 수다가 하늘에서 와글와글 거리고
비린내는 닻을 걸어 놓고 팔딱팔딱거렸지

파도 한 점 꺼내어 바다를 마시고
얼큰해진 초승달에게 배를 태워 주면
바다는 처방전을 내어 놓았지

파도는 뒤척이고
바다를 재워주던 바람은

찰싹찰싹 새벽을 낳아 놓았지

넋두리 처방은
바다 한 재 파도 한 줌이라지만
바다로도 잴 수 없는
마음 처방은 어디에 있을까
— 「바다 약국」 전문

　이정옥 시인의 시적 세계를 세련되게 시사하는 이 작품은 시인의 독특한 시의 전개에 의해 그가 내면세계를 독백으로 쏟아내고, 바다라는 물리적인 공간을 지배하는 내면의 그리움의 상황이나 비유적으로 맞닿아 있는 시적 기교에 능가하는 것을 보여준다. 시인이 가진 고도의 정서가 배가된 전략에 독자도 경험한 정서와 그리움의 존재에 확장하는 시 속으로 여지없이 동참하게 만든다. 이정옥 시인은 "바다 약국에 가면 그리움의 처방이 있을까"하는 그리움의 대상과 자신의 존재를 동시에 내면 깊숙이 끌어와 존재에 대한 확신을 갖는 독백을 한다. 그 확신에는 어떤 내적 갈등이나 상처, 심리적인 복잡함도 없이 단순하게 나타난다. 그에게 내적 갈등은 "넋두리 처방"일 뿐, 상호관계를 배제하거나 소거하지 않고 처방전에 서로 연대하는 "그리움"에 대한 "처방전"을 내어주는 바다의 근본적인 의미를 모색한다.
　그러면서 시인의 그리움에 대한 인식을 바다로부터 마음까지 점점 심화시켜 간다. "비린내는 닻을 걸어 놓고 팔딱팔딱거렸지"하는 이미지를 통해 시인은 그리움의 내적 존재 양상이 동적이고 감정의 진폭이 유기적으로 작용하고 있음을 형상화해낸다. 애초 시인은 말할 수 없는 그리움으로 가슴 답답해하며 "바다 약국에 그리움의 처방이 있을까"하며, 자기 그리움과 사랑에 대한 처방을 바다에서 찾는다. 다행히도 바다는 파도 한 점을 꺼내어 바다를 마시게 하고, 처방전을 내어주지만 바다를 재워주던 바람과 바다도 잴 수 없는 그리움의 양을 담을 수 있는 "마음 처방은 어디에 있을까"하고 희망하는 시인의 자문은, 결국 바다 약국이 처방해준 "바다 한 재"의 약으로 화자 자신의 존재 확인을 위해 매개체로 말하는 독백의 형태임을 암시해준다.

이정옥 시인은 스스로 자문을 하면서 그 자문 속에 어떠한 원망이나 자탄, 그리고 남을 탓하거나 비난하지 않고 온전히 그 자신이 감내하는 그리움이나 사랑으로 받아들인다. 어떠한 방어기제나 기표를 드러내지 않고, "넋두리 처방" 같은 독백을 하며, 자기 존재나 대상으로 향한 이타의 자세를 취한다. 이것은 오래도록 시를 써오면서 그의 몸에 익은 타자에 대한 겸손한 태도이며, 그로 인해 자기 존재 또는 시를 명확하게 할 수 있는 시적 자세를 보여준다. 이를테면 2024년도 애지 작품상을 수상한 「간월도」에서 나타나는 "그에게 물수제비 한 그릇 먹고 싶다고 말할걸"의 독백이 그러하고, 「그리움」에서도 마지막 행 "그래도 아프다"의 여운도, 「백지」의 "차마 열지 못한 마음 적어 두는 거야"의 애틋한 속삭임도, 「청벚꽃 피거든」의 "기다리다 기다리다 뛰어간 푸른 심장인 줄 아셔요"의 개심사 청벚꽃 피는 모습을 보며 하는 독백도 그러하다. 또 「나는 하얀색」에서 여러 색에서 "내가 없어요"라고 소외된 자신을 말하다가 "활짝 웃어봐 벙그러진 하얀이 나는 하얀색이었어요"라고 본래의 자아

확인을 하는 독백의 모습에서 시가 세밀하고 세련된 미학적
세계를 견고하게 구축하고 있음을 알 수 있다.

2.

마음이 바스락거렸다

물기가 마르고
가을이다
외곽의 가로수
메타세쿼이아는 이주민처럼 검은 얼굴을 하고
승용차는 각자의 이름으로 질주를 하고
나는 도로에서 합승하는 일행이 된다
신호등의 눈짓을 읽고
승용차들은 망설임 없이 직진 우회전 좌회전 거침이 없다
우회전
눈치를 획득하는 일
눈이 맑아진다

콩나물 공장이 보인다
수 없이 살아나는 악보들
화살표 아틀리에 이정표이다
구름 아틀리에
구름이 보내는 문자를 읽다가 '보고 싶다' 쓰고
그냥 구름을 깨물어 버렸다

구름이 울고 있다

　—「구름이 울고 있다」 전문

　존 스타이너는 시의 출발은 빗진 사랑에서 비롯된다고 하였다. 시에서 사랑은 자기 존재에 확신을 보여주는 대상으로, 변화무쌍하지만 그것은 무형의 것이어서 감정의 기복이나 정서의 상태로 존재한다. 이정옥 시인에게 사랑은 강제의 것이나 일방적인 사랑보다는 좀 더 내밀하고 진중한 사랑에 가치를 둔다. 그에게 사랑은 화려하지도 들뜨지도 않고, 언제나 변함이 없는 자세로 일관된 정서나 감각을 유지한다. 그래서 그에게 사랑은 더욱 숭고하고 가볍지가 않다.

　마음이 바스락거리는 가을에 외곽의 가로수 메타세쿼이아는 검은 얼굴의 이주민처럼 서 있고, 질주하는 승용차를 보면서 신호등의 눈짓에서 우회전 눈치를 읽어내고, 시인의 마음 한구석에서도 사랑이 바스락거린다고 한다. 이정옥 시인을 추동하는 사랑의 형태는 눈이 맑아지고 마음이 바스락거린다. 물기 마른 가을은 그에게 동정심과는 다른, 분명 사랑의 이름으로 질주하는 승용차 같은 것으로 빗진 그의 가슴을 메우는 또 하나의 사랑을 가져다준다. 저무는 가을에서 다가온 사랑은 "아틀리에 이정표"를 쓸쓸히 보고, 구름이 보내는 "보고 싶다"라는 문자에서 "그냥 구름을 깨물 버리"는 행위를 함으로써 자기 존재의 확인을 함과 동시에 타자에 대한 자답을 요구하는 독백을 한다. 그의 독백에 "우는 구름"으로 시를 매듭짓지만 구름의 울음은 그치지 않고, 계속되어 화자의 가슴에 여운을 길고 깊게 남겨 두는 것으로 나타난다. 이정옥 시인에게 "우는 구름"은 조용하고 조심스러운 사랑의 대상물로 나타나, 밖으로 터져 오르는 사랑을 안으로 조심히 끌어들여 조금씩 가라앉혀 자신의 것으로 승화시키는 여력을 지닌다는 데 의미를 갖게 해준다.

「보셔요」의 작품에서는 실질적으로 기다리는 대상에게 "보셔요"라고 말하지만 그 "보셔요"의 독백은 독백이면서 독백이 아닌 자신만의 긴 기다림이나 오지 않을 수도 있는 대상에게로 향한 독백을 하고 있다. 「건널목 묵시」에서는 가수 유심초나 해바라기의 노래를 인용해 "그대를 사랑하오"나 "사랑하고 있다는 것을" 간접적으로 독백을 하는 모습을 안타깝게도 "횡단보도에서 주머니 속 사탕 한 알 바스락"거리는 행위로 나타낸다. 「봄바람, 우편함에 넣어두고 간다」에서는 "붉은 오토바이는/ 우편함에 봄바람만 수북이 넣어두고 가는 거야"하는 아쉬움으로 나타내는 독백의 형식을 취한다. 그러나 "전류가 흘러"의 잔상을 남겨둠으로써 시인의 독백에 대한 새로운 희망을 암시해주기도 한다.

이정옥 시인에게 사랑은 호수처럼 잔잔하고 코스모스처럼 옷 갈아입고 마중 나가고, 가슴 뜨거운 사람으로 굽이굽이 그리움이 진 산으로 가며, 새로운 길을 찾는 사랑의 방식들로 가득하다. 한편, 다른 시들에서는 이정옥 시인의 시상의 전개가 발랄하고 생동감 있는 시세계를 이루고 있는 일면을 엿볼 수도 있다. 「텃밭 일기」에서 보여지는 바와 같이 농사일을 비유적으로 발랄하게 표현해낸다. 이는 그가 어릴 때부터 직접 경험한 농사일을 톡톡 튀는 시작법으로 잘 주조해낸 것으로 보인다. 「시월에」, 「볍씨 뿌리는 날」, 「가을 한 뼘 늘리고」 등도 이와 유사한 작품이라 할 수 있다.

3.

일 년에 한 번 찾아올까 말까 하는 애인처럼
갓 구워낸 따끈따끈한 빵처럼

봄이
눈길 닿는 곳곳에 겹겹이 움트는 어린 봄이
좁은 오솔길 나무꼭대기에 그리움 걸어 놓아
어질어질할 때

봄이
나무들의 성화로 피고 터지고
그 성화에 기대어 내 눈물이 터져
봄 눈물 훔치고 있을 때
무논에 물꼬 좀 봐달라고 동생에게서 전화가 왔다

물꼬?

무논 물꼬를 터야 하는데 갑자기 장거리 일 보러 나왔다고
논 끄트머리 쪽으로 가면 흙 담아 놓은 비료 포대 두 개로
물꼬를 막아 놓았으니 치워 달란다

나는 농막으로 가서 연장 챙겨 논으로 갔다

개울에서 콸콸콸 빠져나가는 물을 쳐다만 보고
나는 개울에 빠진 햇살만 데리고 첨벙거렸다

봄의 치맛폭 같은 하늘 깔아 놓고
철퍼덕 두 팔 벌려
햇살이랑 바람에게 나를 다 내주고

물꼬는
보고만 왔다
— 「물꼬는 보고만 왔다」 전문

　이정옥 시인의 사랑은 점점 심화가 되고 그 경계를 망라
하지 않는다. 그에게 사랑의 시는 진지하고, 슬프면 보상
을 받는 것으로 나타나기도 하지만, 이 작품과 같이 희화적
인 경우의 모습으로 획득해내기도 한다. 화자는 봄이 와서
나무들이 피고 터지는 모습에서 자신의 눈물도 터져 봄 눈
물을 훔치고 있을 때, 물꼬를 좀 봐달라는 동생으로부터의
전화를 받는다. '물꼬'는 물이 드나드는 물길을 물막이로 막
거나 트는 것을 말한다. 벼농사를 지을 때는 물 조절을 잘
해야 하므로 물꼬를 수시로 살펴야 한다. 그런 물꼬 단속의
부탁을 받은 화자는 농막으로 가서 연장을 챙겨 들고 논으
로 간다. 그러나 빠져나가는 물을 쳐다만 보고 개울에 빠
진 햇살만 데리고 첨벙거린다. 더 나아가 봄의 치맛폭 같
은 하늘을 깔아 놓고 철퍼덕 두 팔 벌려 바람에게 자신을
다 내주고 물꼬만 보고 왔다고 한다. 여기서 이정옥 시인
은 시를 마무리 짓지 않고 시의 중간에 "물꼬?"라는 의문

의 장치를 설치해두고 사랑에 대한 금단의 비약적인 상상력을 불러 일으킨다. 그것은 여성성일 수도 시의 경계를 짓는 오브제일 수도 있다. 이정옥 시인이 이 기법을 의도를 했든, 의도를 안했든 간에 전반적인 시에 나타나는 에로틱한 묘사는 "봄의 치맛폭, 철퍼덕 두 팔 벌려, 나를 다 내주고 물꼬만 보고 왔다"는 표현에서 아슬아슬한 장면을 감지하게 해준다. 이정옥 시인은 시를 통해 나타내는 사랑은 밀고 당기는 밀당이 아니며, "나비에게 안부(「안부」)를 묻거나 "연둣빛 꼬물꼬물 느티나무 탄성(「느티나무 탄성」)"으로 나오거나 "가마솥 밀죽처럼 끓어오르(「연모」)"거나 "한 옥타브씩 올라가는 시루 안의 이분음표(「호기심의 눈빛들」)" 같이 소리를 지르는 행위들로 가득하다. 그러나 그 저변에는 이정옥 시인이 감내해야 할 사랑에 대한 방향과 온도가 내재되어 있는 것을 알아야 한다. 그는 언제나 사랑에 대해 관대하지만 한번 잘못 든 사랑의 방향이나 온도 차이에 맞지 않는 사랑에 대해서는 "모두 깨끗이 쓸어 버린(「질투」)"다고 다짐한다.

4.

어둠이 공간을 메워 놓은 시간
고요를 촘촘히 박음질하며
재깍재깍 노루발소리 걸어간다

뚜두둑 뚜두둑 집안의 집기들이 아귀를 맞추는지

정수기는 갈증을 느끼는지 생쥐 이빨 가는 소리를 낸다

동짓밤 천리향이 우주와 내통을 하는지 향기를 뿜어내고
있다
꽃잎은 제 몸의 살갗을 비벼 향기를 뽑아 놓는다

긴긴밤 발 시린 별이 있어 시간이 박음질하고 있나 보다
— 「시간이 박음질한다」 전문

이정옥 시인의 사랑은 선유도에서 토론토까지 그 영역
을 방대하게 넓히고 그 사랑의 양 또한 해인사에서 간월암
까지 빼곡하게 채워 놓는다. 그에게 사랑은 물리적으로 존
재하거나 공간성에서 시간성으로, 또는 시간성에서 공간
성으로 존재하기 때문에 항상 다양하게 진화를 거듭해 왔
다. 이정옥 시인에게 사랑은 그리움의 양상으로 여러 층위
를 형성하여 나타나거나 자세를 취하기도 한다. 시인은 그
런 사랑의 형태에 "아귀를 맞춰" 놓고 박음질하는 것으로
그 자신에게 영원히 존재하길 바란다. 그런 차원에서 "어둠
이 공간을 메워 놓은 시간"을 "촘촘히 박음질하며" 시인 자
신의 내면이든, 밖이든 시로 엮어두려고 한다. 거기에는 사
랑의 시간이 개입하고 "집안의 집기들"과 "우주와 내통을
하는 천리향"들이 "살갗을 비벼" "발 시린 별"을 데려다 박
음질을 하고 있다. 이때 시간은 고정된 개념의 시간이 아니
라 수많은 고난과 삶의 역경을 지나온 사랑이 깃든 시간으
로, 사랑하는 대상자로부터 나온 귀중한 시간들이다. 높고
존귀한 사랑과 시간으로 충만한 삶에서 화자의 존재를 확

인하는 시간도 재인식하여 박음질하는 모습은 삶의 새로운 모습에 다름이 아니다.

시는 항상 동적이다. 그 역동성을 잘 보조해주는 것이 시에서 중요한 요소인 이미지이다. 이정옥 시인의 시에서 잘 나타나는 것이 이미지의 전개들이다. 하나의 이미지에서 다음의 이미지를 만들어 내서 시를 전체적으로 이미지화시키고 있다. 대표적인 것이 「선인장」이나 「갈치」, 또는 「이쁜 꽃」들이다. 이 「이쁜꽃」은 며느리가 될 사람에 대한 비유가 이미지로 잘 나타낸 작품이다.

5.

붉은 악마들이 쏟아 내렸던 그때
오후의 나른함을 깔고 깜박 졸다 전화벨 소리에 놀란 나는
얼떨결에 수화기를 들었지

목소리를 가다듬을 여유도 없이 여보세요? 하는데
정옥 씨? 종옥 씨?? 재차 묻는 거야

묻는 목소리는 청정지역의 폭포처럼 깊고
분명 우리 말인데 발음은 세련된 이국 언어처럼 들렸어

분명 나를 아는 사람이었어
내 이름을 묻는 목소리가 다정했어 아니 다정보다 찬란했어

프린터에 그 목소리가 복사되었다면
그 찬란한 빛에 나는 아마 눈이 멀었을지도 몰라

정신을 가다듬고 수화기를 귀에 바짝 갖다 대는데
지지직거리더니 끊겼어

그 목소리 누굴까

문득문득 어느 봄날을 떠올리게 하는
나비 같은 그 목소리

다시 들을 수 있을까
— 「그 목소리」 전문

　이정옥의 이번 시집은 독백을 통해 자아를 확인하는 발랄한 방식과 인간 존재에 대한 깊고 넓은 사유가 곳곳에 산재해 있다. 이러한 양상은 사르트르의 "존재가 실존을 규정한다"는 명제에 닿아 있는 듯하기도 하다. 그러나 존재로서의 철학적인 사유가 이정옥 시인이 내지르는 독백에 젖어 쓸쓸히 배어 나오는 경향도 주목할만하다. 그의 시작품 중에서 아마도 이러한 양상을 가장 잘 소화해내고 있는 것이 「그 목소리」가 아닌가 싶다. 깜박 졸다 얼떨결에 받은 전화기 너머로 들려온 그 목소리. "정옥씨? 종옥씨??"하고 재차 묻는 그 목소리는 "청정지역의 폭포처럼 깊고" "세련된 이국 언어처럼 들려"왔다고 화자는 말한다. 그 목소리에서 문득, 정옥씨? 종옥씨?하고 재차 묻는 타자의 목소리에서 자기 존재의 확인을 차츰 하게 시작한다. "내 이름을 묻는 목소리가 다정했어"라는 부분에서 비로소 자기를 확인하는 독백에서 자기 존재에 안도한다.

그러나 "그 목소리가 복사되었다면" 화자는 "눈이 멀었을지도" 모른다고 의구심을 갖게 된다. 거기에다 전화기는 지지직거리며 끊어져 자기 존재에 불확실성을 더욱 부채질한다. 이정옥 시인은 "그 목소리"를 추적하여 누굴까 하는 존재 인식을 폭넓게 하려고 하지만 "나비 같은 그 목소리"는 끝내 듣지를 못한다. 타자로 하여금 깨닫게 되는 존재 의식은 불안하고 불편하다. 시에서 존재의 결핍과 대상의 소거는 슬프고 쓸쓸한 운명적인 작품으로 흐르는 경향이 잦다. 그러나 이정옥 시인은 그것을 쉽게 포기하지 않고, "그 목소리 누굴까"하는 사유로 의문을 제기하며, 답을 찾으려고 노력을 한다. 그러면서도 "다시 들을 수 있을까"하는 여운을 남기거나 다시 기회를 잡아 만나려는 강한 독백으로 기대를 놓지 않는다.

이정옥 시인의 시가 만들어지는 과정이 이러하다. 그는 주위의 사소한 것도 쉽게 놓치지 않고 시로 끌어와 사유를 하거나 존재 인식의 문제로 자문을 한다. 그의 시에는 항상 독백과 자문이 있다. 독백은 그 자신의 독백이자 타자에게로 향한 독백이고, 자문 또한 그 자신의 자문이자 타자나 자신에게로 던지는 자문이다. 이러한 데에는 일상의 생활에서 마주했던 사소한 대상에 대한 집요한 관찰과 스스로 대상과 나누는 대화 또는 독백에서 빚어지는 결과라 할 수 있다. 그리고 그의 시에 나타나는 다른 특징으로는 「텃밭 일기」, 「안부」, 「숲에 갇히다」 등의 작품에서 동시와 유사한 형식을 지닌 사실을 발견할 수 있다는 것이다. 이정옥 시인에게 동시 같이 배경으로 한 시들은 경쾌하고 발랄하게 그의 시를 전반적으로 구축해내는 원동력이 된다. 사물을 본질적으로 잘 들여다보거나 순수한 눈빛이나 목소리로 타자를 동심으로 지적해내는 것은 시인이 태생적으로 지닌 본래의 성격에서 비롯된다. 시인이 이러한 것을 바탕으로 시를 엮어내는 데 있어 조금도 거칠지 않고, 풀잎을 흔드는 바람처럼 하늘거리는 가운데, "내가 없어요"하며 시와 자신에 대해 집요한 질문을 내던진다. 이러한 일련의 행위는 존재 탐색을 위한 서사와 독백으로 자아 인식을 함으로써 상처를 치유하는 상호관계를 비상 신호같이 구성해놓은 이정옥 시의 힘이 여기에 있다 하겠다. 타자나 자아의 존재로부터 사랑이나 그리움에 대한 인식을 획득해내고 새로운 시를 모색하고 쇄신하는 그가 바로 이정옥 시인이다.

6.

이정옥 시인의 시세계는 자아 확인을 위한 독백의 형식을 취하고 있다. 그 독백은 자신에게 향한 독백이면서 타자로 향한 독백들로 가득하다. 그 독백을 통해 이정옥 시인이 뱉어내는 사랑이나 그리움의 대상은 타자로 향하는 것도 있지만 대부분 자신에게 회귀하여 자신으로부터 자문하고 자답하는 독백을 함으로써 자아의 확인을 위한 방식으로 취하고 있음을 알 수 있다. 그래서 그에게 독백은 그 자신의 독백이 아니고, 그의 사랑도 그 자신의 사랑이 아니고, 그가 행하는 행위도 그 자신의 행위가 아닌 대상자로부터 삼투압 되는 이타적인 현상으로 나타난다. 다시 말해서 독백 이전의 독백, 사랑 이전의 사랑, 시간 이전의 시간, 색깔 이전의 색깔 등이 모두 이정옥 이전의 이정옥의 시로 가로지르고 있다는 것이다.

이제 이정옥 시인의 첫 시집 『간월도』 출간을 축하하며, "목울대에서 머뭇거리던 말 말 말"들이 "간월도에서 물수제비"를 통통 띄워 다음에 올 시집도 "한 대접 후루루" 잘 마시게 해달라는 차원에서 그의 수작인 「간월도」를 아래에 첨부해 놓는다.

> 그는 물수제비를 잘 뜬다고 하였다
>
> 간월도에서 걸어 나오며
> 그에게 물수제비 한 그릇 먹고 싶다고 말할 걸
> 아직도 입덧처럼 허하다
> 목울대에서 머뭇거리던 말말말
> 한 삽 그 섬에 심어 놓는다
>
> 얼마만큼을 배워야 모국어를 반짝이게 빚을까
>
> 간월도에서 물수제비 한 그릇 탁발한다
> 바다에 뜬 간월도
> 한 대접 후루루 마신다
> ― 「간월도」 전문

이정옥의 시 「어찌 흥정하랴」, 「점(·) 하나 왔다」, 「간월도」, 「호랭이보다 무서운」. 「그리움」에 대하여

반경환 문학평론가

이정옥의 시 「어찌 흥정하랴」, 「점(·) 하나 왔다」, 「간월도」, 「호랭이보다 무서운」, 「그리움」에 대하여

반경환 문학평론가

어찌 흥정하랴
— 바람 햇살의 판화

이 정 옥

고등어를 싸고 있는 신문 모서리에서 여인의 뒷모습을 보았다
엉덩이 펑퍼짐한 여인이 세월을 냅다 내려치고 있다

소금에 간들이고 뒤척였을 시간이
간간이 고등어 등줄기에 무늬로
파도를 업었는지도 모를 일

오월 어느 비요일 백합 한 다발이 오셨다
바다가 파도를 토해 찍어 놓은 판화

생생하게 피어나는 파노라마 어찌 흥정하겠는가

박수근의 빨래터는 값이 있다지만
나무 사이로 걸어 다니는 바람 손에 잡히지 않는 햇살
봄 여름 가을 겨울 내력을 지니고 있는 판화
어찌 값으로 흥정한단 말인가

　한국전쟁이 끝난 직후, 물감도 없고 캔버스도 없었던 한 무명 화가가 평소 잘 알고 지내던 미군 병사에게 일본에 갈 때마다 물감과 캔버스를 사다 달라고 부탁을 했다고 한다. 무명 화가의 사정을 딱하게 여긴 미군 병사는 휴가로 일본에 갈 때마다 캔버스와 물감을 자기 돈으로 사다가 주었다고 한다. 무명 화가는 미군 병사에게 그 고마움의 표시로 그림 하나를 그려 주었지만, 미군 병사는 그 그림을 받을 때, "무명 화가의 그림이 뭐 대단하겠어"라고 생각하고, 미국으로 돌아가 그냥 창고에 방치해 놓고 있었다고 한다.

　어느덧 오랜 세월이 지나고 미군 병사는 나이가 들고 몹시 어렵고 힘들게 살고 있었다고 한다. 따라서 그는 그 무명 화가의 이름이 언론에 오르내리는 것을 알고 그 무명 화가의 그림을 한국 시장에 내놓았다고 한다. 이 그림이 박수근의 명작, 「빨래터」였고, 존 릭스라는 미군 병사는 무려 45억 2천만원이라는 거금을 손에 쥐게 되었다고 한다(다음 넷 블로그에서). 화가의 이름이 무명이면 그의 그림은 휴지조

각이 되고, 화가의 이름이 유명하면 그의 그림은 명화가 아닌 금화가 된다.

유명도, 무명도 인위적인 것의 산물이고, 명화도, 악화도 인위적인 것의 산물이다. 모든 인위적인 것은 자연에 반하며, 거기에는 지배와 복종이라는 권력관계가 작용을 하게 된다. 유명하다는 것은 대다수의 무명 인사들을 거느리고 그 위에 군림하게 되었다는 것을 뜻하고, 명화라는 것은 그 유명 화가의 승리와 성공의 보증수표라는 것을 뜻한다. 이름이 없는 사람은 서럽고, 먹고 살기가 힘들어 지고, 이름이 있는 사람은 모든 일들이 즐겁고 기쁘고, 산해진미의 성찬을 즐길 수가 있다.

소위 출세와 성공, 즉, 무명 화가의 시절의 박수근과 유명 화가 시절의 박수근이 그것을 말해주지만, 자연의 입장에서 바라보면 소위 성공과 출세라는 것은 매우 이상하고 기이한 팔푼이들의 희화처럼 생각되기도 한다. "고등어를 싸고 있는 신문 모서리에서 여인의 뒷모습을 보았다/ 엉덩이 펑퍼짐한 여인이 세월을 냅다 내려치고 있다"의 여인의 모습도 어느 명화 못지 않게 아름답고, 그것은 돈으로 살 수 있는 그림이 아니었다. "소금에 간들이고 뒤척였을 시간이/ 간간이 고등어 등줄기에 무늬로/ 파도를 업었는지도 모를 일/ 5월 어느 비요일 하얀 백합 다발이 오셨다"의 판화도 어느 명화 못지 않게 아름답고, 그것은 돈으로 살 수 있는 그림이 아니었다. 이정옥 시인의 「어찌 흥정하랴 ─ 바람 햇살의 판화」는 삶과 예술의 문제 중에서 삶에 방점을 찍고 예술 자체의 삶을 노래한 시라고 할 수가 있다. 예술은 아름다운 삶을 위한 하나의 도구이자 촉진제이며, 예술이 아름답고 멋진 삶 자체를 대신할 수는 없는 것이다. 고등어를 신문지에 싸고 있는 여인의 뒷모습에서 그녀가 소금에 간들이고 뒤척였을 시간을 떠올려 보고, 그 어렵고 힘든 역경주의를 통해서 고등어의 등줄기에 파도를 입히고, 그 파도가 어느 5월의 비요일에 백합다발로 피어났다는 것은 이정옥 시인의 삶의 철학이 피워낸 걸작품이라고 할 수가 있다. "바다가 파도를 토해 찍어 놓은 판화"는 그 여인과 이정옥 시인의 역경주의의 소산이자 결코 실망하거나 좌절하지 않는 삶의 철학의 극치라고 할 수가 있다.

고등어를 신문지에 싸며 세월을 냅다 내려치고 있는 여인, 고등어의 등줄기에 새겨진 파도 문양, 어느 5월 비요일에 하얀 백합다발로 피어난 파도, 바다가 파도를 토해 찍어 놓은 판화, 나무 사이로 걸어다니는 바람, 손에 잡히지 않는 햇살, 봄 여름 가을 겨울 내력을 지고 있는 판화—. 그렇다. 이처럼 아름답고 멋지게 "피어나는 파노라마를" "어찌 값으로 흥정"할 수가 있단 말인가? 자연철학은 삶의 철학이 되고, 삶의 철학은 자연철학이 된다. 돈과 예술은 영원한 적대 관계이며, 모든 예술은 생활에 밑줄을 긋고 예술보다도 더욱더 아름답고 멋진 삶의 철학이 되지 않으면 안 된다. 자연과 삶도 둘이 아닌 하나이고, 예술과 삶도 둘이 아닌 하나이다.

자연과 삶의 일치, 삶과 예술의 일치, 예술과 자연의 일치—. 이것이 모든 삶과 예술의 목적이자 그 어떤 황금으로도 흥정할 수 없는 이정옥 시인의 '바람 햇살의 판화'이기도 한 것이다.

이 세상의 모든 걸작품은 자연이 창조해낸 것이지, 인간이 창조해낸 것이 아니다. 인간이 시를 쓰고 노래를 부르며 예술에 종사하는 것은 자연과 하나가 되고, 그 자연 자체가 되고 싶은 것이지, 다른 것이 아니다. 자연과 하나가 될 수 없고, 되지 못한 인간이 이상적인 자연을 모방하고 그 모방한 작품을 시장에 내다 팔며, 지배와 복종이라는 권력 관계를 연출해낸다. 명화와 악화, 순수예술과 상업예술 —, 바로 이 지점에서 자연의 파괴와 인간의 자기 상실이 생겨나게 된 것이다.

자연 자체, 삶 자체가 된 예술은 결코 돈으로 사고 팔 수 있는 것이 아니다.

점(·) 하나 왔다

이 정 옥

점(·) 하나가 왔다
신기한 화색이다
공연히 웃음이 걸린다
자동차도 땀 흘리는 언덕 오르며
피식 미소가 새어 나왔다
자꾸 웃음이 튀어 나왔다
감추려 애써도 피식피식
단단한 감정의 껍질을 가지고 있다고
내심 자부하던 지갑 안에 감춘 감정이
하르르 하르르 사월 벚꽃처럼
입 벙글어진다
토론토에서 점(·) 하나 왔다
깡충 왔다

이정옥 시인의 「점(·) 하나 왔다」를 읽으며, 도대체 '점'이 무엇이길래 그처럼 즐겁고 기쁘게 토끼처럼 뛰고 있는 것일까를 생각해 봤다. 점이란 첫 번째로, 시험에서 80점, 90점, 100점 할 때의 단위를 나타낼 수도 있고, 두 번째로 여러 속성들, 즉, 좋은 점과 나쁜 점을 나타낼 수도 있다. 세 번째로 사람의 살갗이나 짐승의 털 위에 있는 얼룩을 가리킬 수도 있고, 네 번째로 물건이나 그림을 세는 단위를 나타낼 수도 있다.

하지만, 그러나 이정옥 시인의 「점(·) 하나 왔다」의 '점'은 토론토에서 온 점 하나이며, 그것은 물리학에서의 차원의 문제이며, 어떤 대상을 가리키는 상징의 문제라고 할 수가 있다. 차원에는 0차원, 1차원, 2차원, 3차원, 4차원 등이 있고, 0차원은 점 하나로 이루어져 있고, 그것은 아무 것도 존재하지 않는다는 것을 의미한다. 1차원은 점과 점 사이를 이어주는 선을 말하고, 2차원은 선과 선을 이어주는 면을 말한다. 3차원은 면과 면을 이어주는 입체를 말하고, 4차원은 이 입체가 움직이는 입방체를 말한다.

이정옥 시인의 「점(·) 하나 왔다」의 점은 공(0)의 차원이고, 이 공의 차원은 아무 것도 아닌 것이 아니라 모든 것이 존재하는 차원의 문제라고 할 수가 있다. 모든 존재는 점에서 태어났고, 점의 운명으로 살다가 점으로 돌아간다. 태양도, 북극성도, 십자성도 점으로 나타나고, 달도, 금성도, 지구도 점으로 나타난다. 코끼리도, 고래도, 기린도 점으로 나타나고, 인간도, 벌레도, 새들도 점으로 나타난다. 점은 만물의 기원인 원자와도 같고, 이 점과 점의 만남에서 수많은 생명체들이 탄생한다. 사랑도 점 하나로 이루어지고, 이별도 점 하나로 헤어지고, 죽음도 점 하나로 마침표를 찍는다. 점은 만물의 기원이고, 생명이고, 점은 집이고, 우주이다.

토론토에서 점 하나가 왔고, 그 점은 깡충 뛰면서 왔다. 아마도 이 점은 토론토에서 온 소식일 수도 있고, 그 소식 속의 어린 아이일 수도 있다. 아들과 며느리, 또는 딸과 사위도 점이고, 이 점과 점들이 만나 손자를 낳은 것인지도 모른다. 손자는 미래의 희망이고, 미래의 희망인 손자라는 점 하나가 깡충깡충 토끼처럼 뛰어 논다. 손자는 너무나도 예쁘고 귀엽고, 손자의 얼굴은 너무나도 신기한 화색이다. 공연히 웃음이 걸리고, 자동차도 땀 흘리는 언덕을 오르며, 자꾸만 웃음이 튀어 나온다.

너무나도 즐겁고 기쁘면, 제아무리 감추려고 애를 써도 그 표정을 감출 수가 없고, 그 단단한 감정의 껍질을 뚫고, 하르르 하르르 사월의 벚꽃처럼 웃음 꽃이 핀다.

어린 아이는 미래의 희망이고, 어린 아이는 아버지의 아버지이다. 0차원의 0은 모든 것이고, 이 점의 차원에서 모든 삶의 기쁨과 행복이 만발한다. 점은 상징이고, 상징은 우주이고, 우리 인간들은 이 상징을 통해서 '사유하는 인간'이 되었다고 해도 과언이 아니다.

점(·) 하나가 토론토에서 왔고, 점(·) 하나가 아침 해처럼 떠오른다.

간월도

이 정 옥

그는 물수제비를 잘 뜬다고 하였다

간월도에서 걸어 나오며
그에게 물수제비 한 그릇 먹고 싶다고 말할 걸
아직도 입덧처럼 허하다
목울대에서 머뭇거리던 말말말
한 삽 그 섬에 심어 놓는다

얼마만큼을 배워야 모국어를 반짝이게 빚을까

간월도에서 물수제비 한 그릇 탁발한다
바다에 뜬 간월도
한 대접 후루루 마신다

　나는 '물수제비 놀이'를 아주 좋아했고, 수많은 친구들과
함께, '물수제비 놀이'를 아주 많이 했었다. 지금도, 가끔
씩 잔잔한 강이나 호숫가를 거닐을 때면 그 옛날의 추억을
떠올리며 동그랗고 얇은 돌은 골라 물수제비를 뜨곤 한다.
하나, 둘, 셋, 넷, 다섯, 여섯, 일곱…… 잔잔한 수면 위에
서 동그란 파문을 일으키며 마치 징검다리를 건너 듯이 돌
이 날아갈 때 그 짜릿한 쾌감과 흥분은 이루 말할 수가 없
는 것이었다.

이정옥 시인의 「간월도」는 '물수제비의 본고장'이자 '한국 연애시의 진수'라고 할 수가 있다. 그가 애인인지, 단순한 남자 친구인지는 알 수가 없지만, 그와 함께 간월도를 갔을 때, "그는 물수제비를 잘 뜬다"고 했던 것이다. 바로, 그때에는 그 말을 무심코 지나쳤지만, 그러나 "간월도에서 걸어 나오며/ 그에게 물수제비 한 그릇 먹고 싶다고 말할 걸" 하고 후회를 했던 것이다. 물수제비는 단순한 물놀이가 아닌 음식이 되고, 이 물수제비는 연애와 그 연애의 결과인 입덧이 된다. 물수제비를 아주 잘 뜬다는 그가 마음에 들었던 것이고, 그가 만든 물수제비를 먹고, "아직도 입덧처럼 허하다"라는 시구에서처럼 그와의 통정 끝에 그의 아이를 갖고 싶었던 것이다.

　추억은 때늦은 연애사건을 미화시키고, 그 이루지 못한 사랑을 서해 바다의 '간월도看月島'로 우뚝 솟아나게 한다. 간월도는 충남 서산시에 부속된 섬이지만, 서산간척사업 이후, 간조시에는 뭍이 되고, 만조시에는 섬이 되는 간월암看月庵이 존재하고 있는 곳이다. 간월암은 조선시대 무학대사가 창건한 암자이자 '달보기의 명소'이며, 아주 아름답고 유명한 암자라고 할 수가 있다.

　이정옥 시인은 간월도에서의 연애사건을 미화시키며, "목울대에서 머뭇거리던 말들"을 제일급의 시인답게 "한 삽 그 섬에 심어 놓는다." "얼마만큼을 배워야 모국어를 반짝이게 빛을까"라는 소망처럼, 사랑의 씨앗은 모국어가 되고, 이 모국어에 의해서 이 세상에서 가장 아름답고 뛰어난 「간월도」가 우뚝 솟아나오게 된다. 그는 물수제비가 되고, 물수제비는 모국어가 되고, 모국어는 바다에 뜬 「간월도」가 된다. 요컨대 간월도는 나와 그가 연애를 하던 성지가 되고, 따라는 나는 "간월도에서 물수제비 한 그릇 탁발"하여 "바다에 뜬 간월도/ 한 대접을 후루루 마"시게 된다.

말, 말, 말―, 이 세상에서 가장 아름답고 사랑스러운 모국어, 우리 한국인들의 영원한 모국어의 성지인 간월도―.

간월도는 이정옥 시인의 영원한 사랑의 무대이자 영원한 모국어의 텃밭이다. 그와 함께, 손을 잡고 입을 맞추며 물수제비를 뜨듯이 이 세상에서 가장 아름다운 달을 보며 모국어를 낳고, 또 낳는다.

이정옥 시인은 '간월도의 시인'이며, 그 이름은 「간월도」와 함께 영원할 것이다.

호랭이보다 무서운

이 정 옥

들깨밭 김 선생님도 앉아 주시고
다랑논 이 선생님도 앉아 주시고
명자꽃 자경하시는 주 선생님도 자리를 잡아 주세요

자, 이제부터 경매를 시작합니다
모두 검은 안경을 써 주세요

저 하늘의 구름
필요한 만큼만 낙찰받으시길 바랍니다

구름이 넘치면 물바다가 될 수 있으니
신중을 기해 주시고 기회는 단 한번입니다

2025 타경 0720
그렇게 받아놓은 구름 아래서 어머니는 들깨 모종을 하였다

들깨 모종은 터를 잡았고
잡초도 함께 어우러져 터를 잡았다

어릴 적 어머니에게 들은 청개구리 얘기를 떠올리며
후회는 말아야지 후회는 말아야지
흙의 말을 귀담아들으며 잡초를 뽑아낸다

— 엄마, 어떤 시인은 잡초가 호랑이랴! 하였더니

어머니는 대뜸

— 호랭이보다 무서운게 잡초여! 잡초! 하신다

평생 어머니의 관절을 호랑이보다 더 무서운 게 들쑤셔 놨
으니

내일은 완전무장을 하고 나 혼자 잡초 사냥에 나설까 한다

흰 구름 하늘에 띄워 놓고

여행자의 눈에는 모든 것이 아름답고, 그 아름다운 풍경
속에 사는 사람들은 언제, 어느 때나 즐겁고 행복하게 사는
것처럼 보일 수도 있을 것이다. 푸르고 푸른 하늘 아래 그림
같은 집을 지어 놓으면 울창한 숲속에서는 산새와 짐승들이
뛰어놀고, 맑고 깨끗한 강과 호수에서는 수많은 물고기들이
자유롭게 헤엄을 치고 있는 것처럼 생각하게 될 것이다. 사
시사철 넓고 비옥한 들판에서는 오곡백과가 자라나고 모든
근심과 걱정을 다 잊어버린 이웃들과 함께, 언제, 어느 때나
술을 마시고 춤을 추며 놀 수도 있을 것이다.

밭을 갈고 씨앗을 뿌리거나 손마디가 부르트도록 일을
하기도 전에 잔칫상부터 차려놓고 너무나도 즐겁고 기쁜
마음으로 귀농과 귀촌을 하게 된다. "들깨밭 김 선생님도
앉아 주시고/ 다랑논 이 선생님도 앉아 주시고/ 명자꽃 자
경하시는 주 선생님도 자리를 잡아 주세요"라는 말에 착석
을 하고, "자, 이제부터 경매를 시작합니다/ 모두 검은 안
경을 써 주세요"라는 경매사의 말에 꿈보다 해몽이 좋은

경매에 참여를 하게 된다.

대부분 대도시의 사람들의 귀촌과 귀농은 뜬구름을 잡는 것이며, 따라서 "저 하늘의 구름"을 "필요한 만큼만 낙찰"을 받게 된다. "구름이 넘치면 물바다가 될 수 있으니/ 신중을 기해 주시고 기회는 단 한번입니다"라는 말은 아주 신중하게 자기 자신의 노동력과 재력에 걸맞게 입찰에 응하라는 것을 뜻하고, 그렇게 해서 시적 화자는 "2025 타경 0720"을 낙찰받게 되었던 것이다.

하지만, 그러나 농사의 경험이 전혀 없는 시적 화자 대신에 어머니가 "들깨 모종을" 하였고, 그 들깨밭에는 그 들깨와 함께 잡초도 자리를 잡았다. 시골살이와 농업은 잡초와의 전쟁이고, 농작물이 자라고 가을에 수확이 끝날 때까지는 끊임없이 잡초를 뽑고, 또 뽑아도 하루 이틀 지나고 나면 또다시 호랑이가 새끼를 칠만큼 풀들이 자라나게 된다.

동쪽으로 가라고 하면 서쪽으로 가고, 물가에서 놀지 말라고 하면 물가에서 놀던 청개구리, 일을 하라고 하면 하지 않고 하지 말라고 하면 꼭 일을 저지르던 청개구리, 이 청개구리 때문에 너무나도 속이 상한 엄마는 따뜻한 양지쪽에 묻어주었으면 하는 마음으로 물가에 무덤을 써달랐고 했더니, 그제서야 자기 자신의 잘못을 뉘우치고 물가에 엄마의 무덤을 써놓고 비가 오면 운다는 바보같은 청개구리─. 시적 화자가 귀촌─귀농하는 것을 엄마는 무척이나 말렸던 모양이지만, 그 결과는 딸아이 밭의 들깨를 심고 잡초를 뽑는 노역으로 나타났던 것이다.

시적 화자는 "어릴 적 어머니에게 들은 청개구리 얘기를 떠올리며/ 후회는 말아야지 후회는 말아야지/ 흙의 말을 귀담아 들으며 잡초를 뽑아낸다." "엄마, 어떤 시인은 잡초가 호랑이랴! 하였더니/ 어머니는 대뜸/ 호랭이보다 무서운 게 잡초여! 잡초! 하신다." "평생 어머니의 관절을 호랭이보다 더 무서운 게 들쑤셔 놨으니/ 내일은 완전무장을 하고 나 혼자 잡초 사냥에 나설까 한다."

이정옥 시인의 「호랭이보다 무서운」은 잡초 이야기이며, 그 잡초와도 같은 효녀 아닌 불효자의 이야기라고 할 수가 있다. 첫 번째는 한평생 호랭이 보다 무서운 잡초와 싸우며 먹고, 입히고, 가르쳤더니 '귀촌─귀농'을 한 것이고, 두 번째는 그 '귀촌─귀농'의 임무를 다하지 못하고 늙으신 노모에게 일을 떠맡긴 것이고, 마지막으로 세 번째는 "흰 구름 하늘에 띄워 놓고" 잡초 사냥에 나서서 엄마에게 효도를 하겠다는 것이다.

"거짓말이야, 거짓말이야, 모든 딸년은 다 거짓말쟁이들이야!"

호랭이보다 더 무서운 것은 잡초가 아닌 효녀의 탈을 쓴 딸년들인 것이다.

풀을 알면 약초가 되고, 풀을 모르면 잡초가 된다라는 말이 있다. 독초와 독버섯과 독사와 포식자들도 다 쓸모가 있듯이, 약초와 잡초라는 말은 지극히 자의적인 것이고, 그 주체자의 위치와 입장과 환경에 따라서 다르게 나타나는 것이다.

어제의 친구가 오늘의 적이 되고, 오늘의 적이 내일의 친구가 된다. 영원한 적도, 영원한 친구도 없듯이, 호랭이보다 더 무서운 잡초도 없는 것이다.

그리움

이 정 옥

하늘의 별을 탁탁 털어 먹었다
빈 약봉지만 하늘에 놓고
창문을 닫았다

그래도 아프다

단테의 「신곡」은 그의 연인 베아트리체에게 바치는 사랑의 노래라고 할 수가 있고, 오르페우스의 시 역시도 그의 연인이었던 에우리디케에게 바치는 사랑의 노래라고 할 수가 있다. 백석의 「나와 나타샤와 흰 당나귀」도 그의 연인에게 바치는 사랑의 노래라고 할 수가 있고, 김소월의 「진달래꽃」 역시도 그의 연인에게 바치는 사랑의 노래라고 할 수가 있다. 모든 사랑은 이루어질 수 없는 사랑이고, 따라서 이루어질 수 없는 사랑에 대한 그리움이 모든 연시들의 시적 정서라고 할 수가 있다.

그리움이란 무엇인가? 그리움이란 보고 싶은 마음이고, 이 보고 싶은 마음은 영혼과 육체가 하나가 되는 것을 뜻한다. 만물이 하나가 되고, 영혼과 육체가 하나가 되는 세계는 이상적인 세계에서나 가능한 것이고, 따라서 그리움이란 인간적 욕망 역시도 충족되지 않는다. 이루어질 수 없는 사랑, 만날 수 없는 그리움이 모여서 진리가 되고, 이 진리의 힘으로 그처럼 티없이 맑고 순수하고 아름다운 사랑의 노래가 울려퍼진다.

이정옥 시인의 시는 「그리움」의 진수가 되고, 이 「그리움」
의 힘이 우주적인 크기로 울려퍼지고 있다고 할 수가 있다.
밤하늘의 별을 딴다는 것은 도저히 불가능하고 공허한 헛
소리에 불과하지만, 단번에 "하늘의 별을 탁탁 털어 먹었다"
라는 시구는 그 그리움의 크기를 말하고, 그의 그리움이
가장 장대하고 아름답다는 것을 뜻한다. 이천 억 개, 또는
수천 억 개의 별, 지구나 태양은 너무나도 평범해서 별들의
축에도 끼지 못한다는 천체물리학자들의 말을 떠나서라도
얼마나 그가 그리웠으면 밤하늘의 별들을 다 털어 먹었다
고 말하게 되었던 것일까?

만나고 싶은 사람, 함께, 영원히 살고 싶은 사람은 사랑
이 되고, 이 사랑은 신앙이 되고, 이 사랑에 대한 그리움은
예배의 형태가 된다. 사랑은 종교가 되고, 그리움은 예배가
된다. 날이면 날마다 "하늘의 별들을 탁탁 털어" 먹으며, "빈
약봉지만 하늘에 놓고/ 창문을" 닫는 예배―. 그래도 아프
고, 또 아픈 그리움의 크기, 이정옥 시인의 「그리움」은 인
류의 역사상 가장 크고 아름다운 그리움이라고 할 수가 있
다. 아름다운 것은 가장 큰 것이고, 가장 큰 것만이 아름
다운 것이다.

제우스, 시바, 부처, 예수, 모세, 단군, 세종대왕은 사랑
의 신이 되고, 이 신에 대한 그리움이 최고급의 신전을 창
출해내며, 자기 자신의 정절과 재산과 심지어는 단 하나뿐
인 생명까지도 다 바치게 만든다. 사랑은 진리가 되고, 그
리움은 열정, 즉, 광기가 된다.

"내가 안고 싶은 서포크의 몸뚱이는 어디 있단 말이냐"

라는 헨리6세 왕비의 절규, 이 헨리6세 왕비의 절규는 그
의 불륜마저도 더없이 아름답고 장엄하게 미화시키고 있는
것이다.

이 정 옥

이정옥 시인은 충남 서산에서 출생했고, 2003년 서산여성문학에서 활동을 시작했다. 2010년 제10회 동서커피문학상 맥심상(동시부문) 수상과 2020년 『애지』 '신인문학상'을 통하여 등단했다. 2023년 '서산, 시와 함께 걷는 길'을 수상했고, 2024년 제11회 '애지문학작품상'을 수상했다.

이정옥 시인의 첫 번째 시집인 『간월도』는 이정옥 시인의 영원한 사랑의 무대이자 영원한 모국어의 텃밭이다. 그와 함께, 이 세상에서 가장 아름다운 달을 보며 모국어를 낳고, 또 낳는다.

이정옥 시인은 '간월도의 시인'이며, 그 이름은 '간월도'와 함께 영원할 것이다.

이메일   ljo6044@hanmail.net

이정옥 시집

간월도

발   행   2025년 11월 5일
지 은 이   이정옥
펴 낸 이   반송림
편집디자인   반송림
펴 낸 곳   도서출판 지혜, 계간시전문지 애지
기획위원   반경환
주   소   34624 대전광역시 동구 태전로 57, 2층 도서출판 지혜
전   화   042-625-1140
팩   스   042-627-1140
이 메 일   eji@ji-hye.com
             ejisarang@hanmail.net
애지카페   cafe.daum.net/ejiliterature

ISBN   979-11-5728-592-1   03810
값   12,000원

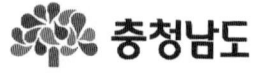 

* 이 시집은 2025년도 충청남도, 충남문화관광재단의 지원으로 발간하였습니다.